Crédit photographique

Arioko

Wattier : 1re de couverture (prune), p. 8 (m et b), 9 (g), 10 (mg), 11 (hd, md et b), 13 (h, mg et bg), 14 (g et d), 15 (h), 16 (g), 17 (mg, md et bg), 19 (bg), 20 (g), 21 (m), 22 (b), 23 (md), 24 (d), 25 (md et b), 26 (hg, md et bg), 27 (b), 28 (g), 29 (hg), 30 (d), 31 (hd), 32 (d), 33 (hg et hd), 34 (d), 35 (bd), 36 (d), 37 (hg, hd et bd) ; **Damman :** p. 9 (h, m et b), 10 (bd), 16 (d), 18 (hg et b), 19 (m), 22 (mg), 23 (bg et bd), 27 (m) ; **Labat / Rouquette :** p. 12 (m), 15 (b), 17 (mm et bd), 19 (bd), 24 (g), 28 (d), 29 (bg), 32 (g), 35 (hg), 37 (bg) ; **Fouquet :** p. 12 (b).

Colibri

H. Willem : p. 27 (h) ; **P. Nief :** p. 31 (mg) ; **F. et J.-L. Ziegler :** p. 33 (mg) ; **P. Neveu :** p. 33 (bg).

Dominique Chauvet / Milan

1re de couverture (toutes photos sauf prune), 4e de couverture (toutes photos), p. 11 (mg), 18 (m), 20 (d), 21 (h et b), 22 (mm et md), 23 (hg), 25 (hg), 29 (md), 30 (g), 31 (hg et bd), 34 (g), 35 (hd et mg), 36 (g).

Édition et iconographie : Catherine Destephen
Graphisme : Didier Gatepaille

www.editionsmilan.com

Loi 49.956 du 16.07.1949
ISBN : 978-2-7459-2428-5
Dépôt légal : 1er trimestre 2007
Imprimé en France par Pollina s.a., 85400 Luçon - L42466

FRUITS ET LÉGUMES

Texte de Pascale Hédelin
Illustrations de Sophie Lebot

MILAN
jeunesse

Les secrets des fruits et légumes

Dans la nature, les champs ou les jardins pousse une grande variété de fruits et de légumes. Un légume, c'est une plante dont on mange certaines parties : la racine ou la feuille, par exemple. Un fruit, c'est ce que devient la fleur d'une plante après sa transformation. Il contient les graines qui vont permettre à la plante de se reproduire. Sauvages ou cultivés, les fruits et les légumes sont des cadeaux de la nature pour les hommes et les animaux. Découvre leurs secrets...

Les familles de fruits

Les familles de légumes

12 Les façons de cultiver

14 Le grand voyage

16 Fruits d'automne

17 Fruits secs

18 La pomme

19 La poire

20 Légumes d'automne

22 Le plein de vitamines

24 Légumes d'hiver

26 La nature se réveille

28 Légumes de printemps

30 Baies et fruits rouges de l'été

32 Les autres fruits de l'été

34 Les légumes-fruits

36 Salades et compagnie

Les familles de fruits

Il existe des fruits de toutes les formes et de toutes les couleurs. Presque tous sont sucrés mais ils ont des goûts très différents ! On les classe en 6 familles : les agrumes, les fruits à noyau, les fruits à pépins, les baies et fruits rouges, les fruits à coque et les fruits exotiques.

Voici les stars : la banane, le raisin, l'orange et la pomme sont les fruits les plus cultivés dans le monde !

les agrumes

Orange, pamplemousse, mandarine… Les agrumes sont tout ronds, sauf le citron. Leur peau épaisse est souvent jaune ou orangée. Ils sont à la fois acides et sucrés.

BONS POUR LA SANTÉ

LES FRUITS TE DONNENT DES VITAMINES QUI T'AIDENT À COMBATTRE LES MALADIES. ILS T'APPORTENT AUSSI DES FIBRES QUI TE PERMETTENT DE MIEUX DIGÉRER, AINSI QUE DES SELS MINÉRAUX. DE PLUS, ILS TE FOURNISSENT DE L'EAU.

la prune

Comme la prune ici, la pêche, la cerise et l'abricot cachent un gros noyau au milieu de leur chair juteuse. Solide, il renferme une graine qu'il protège précieusement.

le cassis

Comme la myrtille et la groseille, le cassis est une baie rouge, même s'il n'est pas vraiment rouge ! C'est un petit fruit sans noyau. Il contient des mini-graines éparpillées dans sa chair.

Les fruits à pépins, comme la figue, contiennent de petites graines dures appelées pépins. On mange les pépins de la figue, mais pas ceux de la pomme, de la poire ou du raisin.

la figue

Les fruits à coque sont faits d'une grosse graine entourée d'une enveloppe dure comme du bois : la coque. Noix, amande, châtaigne et noisette font partie de la famille.

la noisette

Les fruits exotiques, comme cette grenade, viennent du bout du monde. Ils poussent dans les régions chaudes et humides. Ils ont des formes, des parfums et des goûts étonnants !

la grenade

Les familles de légumes

Les légumes aussi sont très variés. On les range en 8 familles : légumes-bulbes, légumes-racines, légumes-graines, légumes-tubercules, légumes-tiges, légumes-feuilles, légumes-fleurs et légumes-fruits. Cru ou cuit, un légume se mange en général salé.

À l'époque préhistorique, les légumes étaient tous sauvages. Puis on s'est mis à les cultiver et à les transformer pour les améliorer.

La betterave est une racine : elle fixe la plante dans le sol et l'aide à se nourrir. On mange aussi les racines de céleri-rave, carotte, navet, radis et salsifis.

la betterave

l'oignon

L'oignon est un bulbe. Cette partie arrondie et souterraine contient les réserves de nourriture de la plante. Elle lui permet aussi de repousser chaque année.

le topinambour

Un tubercule est un bout rond dépassant d'une racine ou d'une tige. Comme ce topinambour, il renferme des provisions pour la plante et lui permet de se reproduire.

On mange les feuilles de certains légumes : épinards, choux, salades...

Les légumes-tiges sont la partie allongée de certaines plantes, qui sort de terre et porte des feuilles. Voici le fenouil. Il y a aussi l'asperge, le céleri et la rhubarbe.

le fenouil

le haricot

Le haricot mange-tout a une longue enveloppe contenant les graines : c'est la cosse. Petit pois, pois cassé, fève, lentille, maïs, soja... sont d'autres légumes-graines.

le brocoli

Dans la famille des légumes-fleurs, voici le brocoli. On croque ses grosses fleurs groupées. C'est la même chose pour ses cousins le chou-fleur et l'artichaut.

le poivron

Le poivron est un fruit que l'on savoure comme un légume : cuit ou en entrée. Tomate, aubergine, potiron, courgette, concombre, melon, pastèque, olive et haricot vert sont des légumes-fruits.

Les façons de cultiver

Les agriculteurs cultivent et vendent des fruits et des légumes : c'est leur métier. Certains possèdent de petits champs, d'autres ont de très grandes exploitations.

Carottes, poireaux et oignons poussent bien quand ils sont l'un à côté de l'autre. Mais les fraises et les radis ne sont pas copains !

On peut faire pousser des légumes pour sa propre consommation dans son jardin potager. Les arbres fruitiers, eux, grandissent dans un verger.

Les maraîchers cultivent des légumes. Souvent ils les récoltent à la main. Autrefois, leurs champs se trouvaient sur des marais, près des villes. C'est pour cela qu'on les appelle « maraîchers ».

LE « BIO »

CERTAINS AGRICULTEURS FONT DES CULTURES BIOLOGIQUES. ILS N'UTILISENT PAS DE PRODUITS CHIMIQUES POUR FAIRE GRANDIR LES PLANTES OU POUR CHASSER LES PETITES BÊTES QUI LES GRIGNOTENT. ILS RESPECTENT LA NATURE ET LEURS RÉCOLTES ONT MEILLEUR GOÛT.

Dans les grands champs, on récolte à l'aide de machines, pour gagner du temps. Les engrais chimiques utilisés font pousser les plantes plus vite et les pesticides tuent mauvaises herbes et insectes.

Les pesticides peuvent être dangereux pour la santé.

Les légumes sont souvent cultivés sous serre : dans ces grands tunnels de plastique, ils sont à l'abri du froid et ils peuvent pousser toute l'année.

Les plantes ont normalement besoin de terre pour pousser : elles y trouvent de quoi se nourrir. Pourtant, on peut les faire pousser sans terre, en hauteur ! De petits tuyaux leur apportent l'eau et la nourriture. C'est un ordinateur qui commande tout.

Le grand voyage

Avant d'arriver dans ton assiette, les fruits et les légumes frais voyagent. Une fois récoltés, ils sont triés et rangés dans des caisses. On les transporte en camion, en train, en bateau ou en avion s'ils viennent de loin. Puis on les entrepose dans un grand marché : les halles.

Chez certains agriculteurs, on peut cueillir soi-même ses fruits et légumes !

Quand elles sont mûres, les pommes sont récoltées à la main. Pour qu'elles se conservent, il faut les cueillir avec la queue.

Les cageots de pommes sont marqués d'une étiquette. Elle indique leur taille, leur provenance et le nom du producteur. Le camion qui les transporte les garde au frais, pour ne pas qu'elles s'abîment. Un vrai réfrigérateur sur roues !

100 % CULTIVÉS

TOUS LES LÉGUMES QUE L'ON ACHÈTE SONT CULTIVÉS : AUCUN NE POUSSE TOUT SEUL DANS LA NATURE.

Dans les halles, des marchands achètent les produits. Puis ils vont les revendre sur les marchés ou dans leurs magasins. Parfois aussi ils les revendent à d'autres marchands.

Dans son magasin, le marchand de primeurs vend seulement des fruits et des légumes frais.

AU SUPERMARCHÉ

LES FRUITS ET LES LÉGUMES TERMINENT FRÉQUEMMENT LEUR VOYAGE AU SUPERMARCHÉ. BEAUCOUP DE CLIENTS LES ACHÈTENT LÀ. MAIS ILS SONT SOUVENT MOINS FRAIS ET MOINS BONS QU'AU MARCHÉ !

Au marché, les vendeurs proposent les produits de la région tout frais cueillis, mais aussi des produits venus d'autres régions ou d'autres pays : des oranges du Maroc, par exemple.

Fruits d'automne

Les fruits et les légumes ont chacun leur moment préféré pour apparaître. Cela dépend de la saison et du temps. En automne, il fait frais et humide. C'est l'époque du raisin, des pommes, des poires et des olives.

Les champignons ne sont ni des fruits ni des légumes. Ils ne fabriquent pas de chlorophylle.

Verte, l'olive n'est pas mûre. Noire, elle l'est. Comme ce fruit est très amer, on le trempe dans un mélange particulier pour lui enlever son mauvais goût.

l'olive

Blanc ou noir, le raisin pousse en grappes sur les vignes. Chaque grain est couvert d'une fine peau. Il se mange cru, cuit ou séché. On le presse pour en faire du vin ou du vinaigre !

le raisin

MÛRIR

PEU À PEU, LA FLEUR D'UNE PLANTE SE TRANSFORME EN FRUIT. QUAND IL A FINI DE SE DÉVELOPPER, IL EST MÛR. IL S'OUVRE ET LAISSE ÉCHAPPER SES GRAINES. ELLES SE METTENT EN TERRE ET DONNERONT VIE À UNE NOUVELLE PLANTE.

Fruits secs

Noix, noisette, amande, ces fruits à coque un peu dure peuvent se manger frais, mais on les laisse souvent sécher pour les croquer en hiver.
Ils se conservent bien et sont très nourrissants.

L'écureuil cache un peu partout ses réserves de fruits secs pour l'hiver.

la noix

La coque de la noix est recouverte d'une écorce : le brou. On l'utilise pour teinter les meubles. À l'intérieur, le fruit a la forme d'un cerveau ! On peut fabriquer de l'huile avec.

le pignon de pin

Le pin parasol donne des cônes dont chaque écaille abrite un pignon. C'est une petite graine blanche et sucrée protégée par une coque. Une grosse pomme de pin en contient une centaine !

l'amande

Pour récolter les amandes, on utilise une machine. Elle pince les troncs des amandiers et les secoue. Les amandes dégringolent par terre ou dans une remorque.

La châtaigne est une graine. Elle est protégée par sa boule piquante, la bogue.

La pomme

Avec sa forme arrondie, ses jolies couleurs et sa peau lisse, la pomme est belle à croquer ! Reinette, golden, gala, pomme d'api, il en existe des milliers de variétés.

Nos ancêtres préhistoriques croquaient déjà des pommes !

Vertes, rouges, jaunes, tachetées ou brillantes, les pommes revêtent de belles robes ! Elles se conservent des mois. Certaines variétés se ramassent en été ou en hiver.

La pomme peut se nourrir grâce au pédoncule qui la rattache à l'arbre.

La peau contient beaucoup de vitamines.

La pulpe est juteuse, farineuse ou craquante. Elle devient marron au contact de l'air.

5 logettes renferment les pépins. Le trognon ne se mange pas !

Voici le reste de la fleur.

UN FRUIT MERVEILLEUX

DANS LES ANCIENNES LÉGENDES, ON DIT QUE LA POMME CALME LA FAIM, LA SOIF, LA DOULEUR ET LA MALADIE. ET MÊME QU'ELLE REND IMMORTEL ! AUJOURD'HUI, ON CONSEILLE DE MANGER UNE POMME CHAQUE JOUR POUR ÊTRE EN BONNE SANTÉ.

La pomme se mange crue ou cuite, en compote, confiture, beignets ou tarte.

La poire

Elle a une jolie forme, la poire, un peu comme une cloche ! Sa chair délicieuse et un peu granuleuse est très juteuse. Et elle est si tendre qu'on a l'impression qu'elle fond dans la bouche !

Chine, États-Unis, Italie, Espagne, France, Argentine, Afrique du Sud, Turquie, Inde... On cultive des poires partout !

Plutôt rondes ou allongées, rouges, vertes ou jaunes, les poires aussi sont très variées. Connais-tu la passe-crassane, la williams, la comice et la marie-louise ?

la poire

Le poirier résiste au froid et peut pousser en montagne. Mais il craint la sécheresse. Il peut donner 50 kg de fruits, plus de 2 fois ton poids !

le coing

Le coing ressemble à la poire, mais il est jaune et tacheté. Il ne se mange pas cru : sa chair est trop dure et elle râpe la langue ! On le cuit pour en faire de la gelée ou de la pâte de fruits.

Légumes d'automne

Entre la pomme de terre, un tubercule très nourrissant qui pousse dans le sol, l'artichaut, l'épinard, le potiron et tous ses cousins, il n'y a que l'embarras du choix !

Il existe des potirons énormes et bien plus lourds qu'un homme !

Voici la plante de la pomme de terre. Attention ! Ses feuilles, ses bourgeons, ses tiges, ses fleurs et surtout ses fruits peuvent rendre très malade si on les mange.

Cet œil ou bourgeon se transformera en germe. Celui-ci grandira, deviendra une pousse puis un nouveau plant de pomme de terre.

la pomme de terre

La peau est blanche, jaune ou rouge. La chair est jaune, rose ou bleutée ! Elle contient de l'amidon, une substance utilisée pour la fabrication de la farine, du papier ou de la colle.

CUISINER LA POMME DE TERRE

CRUE, ELLE EST INDIGESTE. ET IL FAUT LUI ENLEVER LA PEAU, LES GERMES ET LES TRACES VERTES. AVEC LA PATATE, ON FAIT DES FRITES, DES CHIPS, DE LA PURÉE. ON LA MANGE AUSSI BOUILLIE, RÔTIE AU FOUR, EN SALADE, EN SOUPE ET EN GRATIN. MIAM !

le potiron

Le potiron est un cousin de la citrouille. C'est un fruit que l'on mange comme un légume : en soupe, purée, gratin ou tarte. Sa chair jaune orangé, un peu sucrée, doit être cuite.

les courges

Dans la famille des courges, on trouve aussi le potimarron avec sa forme de poire. Le pâtisson, lui, est blanc et aplati. Toute tordue, la coloquinte sert à décorer. Et, selon les pays, il existe des potirons verts, bleus, blancs, noirs ou jaunes !

l'artichaut

L'artichaut est une fleur en bouton : elle n'est pas encore tout à fait formée. On ne mange que le bas des écailles enserrant la fleur et la base de celle-ci : le cœur. À l'intérieur, le foin, qui donne naissance aux fleurs, n'est pas comestible.

Le plein de vitamines

L'hiver, il fait froid. Mais dans certains pays ou régions chaudes, on récolte des fruits frais. Remplis de jus, ils sont une vraie source d'énergie !

Pour empêcher les rats de voler les noix de coco, on entoure le tronc des cocotiers d'un anneau.

l'orange

La pulpe de l'orange est divisée en quartiers recouverts d'une petite peau. Tu peux la manger ! Si on presse l'écorce de l'orange, elle dégage une odeur parfumée.

la clémentine

La clémentine a été créée en croisant un mandarinier et un oranger. Elle vient de Corse, d'Espagne, d'Italie et du Maroc.

le citron

Le citron est très acide, mais il est plein de qualités. Son jus soigne le mal de gorge. Il nettoie les objets en cuivre et empêche les pommes coupées de noircir.

le kiwi

Le kiwi pousse sur une liane. Sa chair verte renferme une centaine de mini-pépins noirs. Bourré de vitamines, il aide à lutter contre le rhume et la fatigue.

La chair de la banane est fondante et sucrée. Elle ne contient ni noyau ni pépins.

Sa peau épaisse devient tachetée quand la banane mûrit.

la banane

La tige rattache la banane au bananier.

MANGE DES FRUITS DE SAISON

N'ACHÈTE PAS DE FRAISES À NOËL ! CE N'EST PAS LEUR SAISON. ELLES ONT BESOIN DU SOLEIL ET DE LA CHALEUR DE L'ÉTÉ POUR ÊTRE SAVOUREUSES.

La banane pousse en grappe sur une herbe géante, le bananier. On appelle cette grappe un régime. Pour transporter la banane sans l'abîmer, on la cueille verte.

L'avocat est un fruit. Il peut être vert avec la peau fine, ou violet avec la peau bosselée.

LES FRUITS EXOTIQUES

MANGUE, PAPAYE, LITCHI, GOYAVE, CARAMBOLE, LES FRUITS EXOTIQUES ONT UN GOÛT DE ROSE, DE MELON, DE TOMATE OU DE FIGUE ET POIRE MÉLANGÉES !

Légumes d'hiver

C'est la saison du chou, et il y en a de toutes les couleurs ! Certains ont les feuilles si serrées qu'elles forment une grosse tête appelée « pomme ». Le navet, le poireau et la mâche sont aussi de sortie !

L'endive est une drôle de salade blanche : elle pousse dans des caves, sans lumière.

le chou vert

Le chou vert a de grandes feuilles un peu frisées. Comme les autres choux, il est très riche en vitamines et a des propriétés pour aider le corps à lutter contre le cancer, une grave maladie.

le chou-fleur

Le chou-fleur est constitué de groupes de fleurs blanches qui ne sont pas encore développées. Plusieurs couches de grandes feuilles vertes les protègent du soleil. Si les fleurs éclosent et deviennent jaunes, il ne faut pas les manger.

DES LÉGUMES GLACÉS

ON PEUT ACHETER DES LÉGUMES SURGELÉS AU SUPERMARCHÉ. JUSTE APRÈS LEUR RÉCOLTE, LE FABRICANT LES PLACE DANS UNE ARMOIRE TRÈS FROIDE. AINSI, ILS SE CONSERVENT LONGTEMPS ET GARDENT LEURS VITAMINES.

Les feuilles du poireau sont si serrées qu'elles ressemblent à une tige.

Le poireau a des feuilles plates tout en long, qui s'emboîtent. On les mange cuites. La meilleure partie est leur base : toute blanche, elle se trouve sous terre.

le navet

Le navet est une racine. Il est rose et blanc, jaune pâle, blanc ou noir. Et il y en a des plats, des longs et des ronds. Un bon navet doit avoir la peau lisse et brillante. On le mange cuit, sans sa peau. Attention : s'il est léger, il est sûrement creux !

la mâche

La mâche a de petites feuilles pointues ou arrondies. On la mange en salade. On la cultive dans le sable, mais elle pousse aussi sauvage dans les prairies.

La nature se réveille

C'est le printemps. Mais la plupart des fruits ne sont pas encore prêts. Patience, ils se préparent ! Regarde, les fleurs s'ouvrent. Bientôt, elles vont devenir des fruits. Et tu peux goûter aux premières cerises.

Beaucoup d'insectes et d'oiseaux raffolent des fruits !

Au début du printemps, les cerisiers se couvrent de petites fleurs blanches et fragiles. Au Japon, les gens se réunissent pour admirer les cerisiers en fleur. C'est une vraie fête !

la cerise

Les fleurs du cerisier ont perdu leurs pétales. Les voilà devenues des petites cerises vertes et dures. Elles n'ont pas encore beaucoup de chair, mais, dans leur cœur, les graines sont déjà formées.

À la fin du printemps, les cerises sont mûres. Douces, acides, rouges, jaunes, il en existe plus de 200 variétés.

la nèfle

LE POLLEN

LES FLEURS ABRITENT DE PETITS GRAINS COLORÉS : LE POLLEN. POUR SE TRANSFORMER EN FRUITS, ELLES DOIVENT S'ÉCHANGER CE POLLEN. LES PAPILLONS ET LES ABEILLES LES AIDENT : EN LES BUTINANT ET EN SE PROMENANT, ILS TRANSPORTENT CES GRAINS D'UNE FLEUR À L'AUTRE.

La bibace ou nèfle du Japon a la forme d'un œuf. Ce fruit est très frais, juteux et acidulé comme un bonbon au citron. Ses fleurs apparaissent à l'automne, ce qui est très rare. Il pousse dans les régions plutôt chaudes.

le kumquat

Voici le kumquat, le plus petit des agrumes. Il a l'air d'une mandarine allongée. On en trouve en Afrique, en Asie, en Amérique et dans les régions chaudes d'Europe. On mange sa chair juteuse, un peu amère, et aussi son écorce.

Il y a quelqu'un là-dedans ! Une mouche de la cerise a pondu à l'intérieur et des asticots s'y sont développés. Ces petits goulus grandissent dans la chair du fruit, qu'ils grignotent et abîment.

Légumes de printemps

Coucou ! La carotte, le radis et l'asperge surgissent de terre et pointent le bout de la tête. C'est aussi la saison où le jardinier sème ses graines en terre. En été, elles donneront de beaux légumes.

La carotte sauvage est toute blanche !

La carotte est une racine. La voici cachée sous les feuilles, appelées les fanes. Elle contient du sucre et elle est bonne pour la digestion, les yeux et la peau.

la carotte

La carotte est orange car elle contient du carotène, un pigment qui se transforme en vitamine A.

L'asperge est une tige. Si on la laisse grandir, elle peut mesurer plus que toi! L'asperge blanche est cueillie sans avoir vu le soleil. La violette a eu juste son bourgeon au soleil. La verte a poussé à la lumière. L'asperge cuite est tendre et un peu sucrée!

le radis

l'asperge

Le radis cru croque sous la dent! On le mange aussi cuit, à la poêle. On grignote ses graines germées. Et avec ses fanes on fait des soupes et des purées. Le meilleur radis est petit. Son cousin, le radis noir, est plus grand et plus piquant.

la bette

DIFFÉRENTES VIES

LES PLANTES DONNANT DES LÉGUMES VIVENT PLUS OU MOINS LONGTEMPS. L'ASPERGE ET L'ARTICHAUT VIVENT PLUSIEURS ANNÉES. EN HIVER, ILS NE MEURENT PAS. LE POTIRON ET LE PETIT POIS, EUX, VIVENT MOINS D'UN AN. CERTAINES PLANTES POTAGÈRES VIVENT 2 ANS.

La bette, ou blette, est une parente de la betterave. Leur ancêtre sauvage poussait en Europe, en bord de mer. On mange ses grandes feuilles cuites, en gratin ou en raviolis.

Baies et fruits rouges de l'été

En été, le soleil fait mûrir une multitude de fruits. Parmi eux, il y a des petits fruits rouges, comme la framboise et la fraise, et des baies rondes comme des billes.

Autrefois, on utilisait le jus de myrtille pour teindre les vêtements en bleu-violet.

Cette collerette verte est le reste de la fleur.

la fraise

Les akènes, répartis sur la peau, contiennent les graines.

Une bonne fraise est ferme, rouge et brillante, sans partie verte ou blanche.

La pulpe est rouge, fondante et très sucrée.

DANGER !

NE CUEILLE JAMAIS DE BAIES SAUVAGES SANS DEMANDER CONSEIL À UN ADULTE. CERTAINES SONT DU POISON !

la framboise

La framboise est faite de minuscules bulles, remplies de pulpe et de jus et couvertes de petits poils. Chacune contient une mini-graine. Ce fruit très fragile s'écrase facilement.

Les groseilles poussent en grappes sur des arbustes. Elles sont rouges ou blanches. Elles contiennent très peu de sucre. Il existe des groseilles beaucoup plus grosses : les groseilles à maquereau.

la groseille

la mûre

En été, la ronce se couvre de mûres. Ces petits fruits noirs sont parfumés et un peu acides. Leur jus tache les doigts. Ils ressemblent aux fruits d'un arbre, le mûrier. Ses mûres à lui sont moins bonnes !

la myrtille

La myrtille pousse sur un petit buisson, en général dans les montagnes. Elle est bonne pour les yeux. Si on en mange beaucoup, elle donne envie de faire pipi !

SAUVAGEONNES

MÛRE, FRAMBOISE, MYRTILLE, GROSEILLE ET FRAISE DES BOIS SONT SAUVAGES. MAIS ON LES CULTIVE AUSSI AU JARDIN.

Pour faire de la confiture, on cuit les fruits rouges avec du sucre. Pour obtenir du coulis, on les écrase tout crus. On les mange aussi en tarte, en sorbet, on boit leur jus. Et parfois ils accompagnent des plats salés.

Les autres fruits de l'été

Les arbres fruitiers travaillent aussi : les voilà couverts de fruits à noyau et à pépins. Voici venu le temps de la prune, de l'abricot, de la pêche, du brugnon et de la nectarine. Sans oublier la mystérieuse figue.

La figue de Barbarie est le fruit d'un cactus. Aïe, ça pique !

la prune

La prune porte souvent une couche de cire blanche : elle protège le fruit mûr du soleil. La reine-claude est jaune ou verte, ronde et ferme. La mirabelle est petite et dorée, douce au goût. La quetsche est violette, grosse et ovale. Le pruneau est une grosse prune séchée.

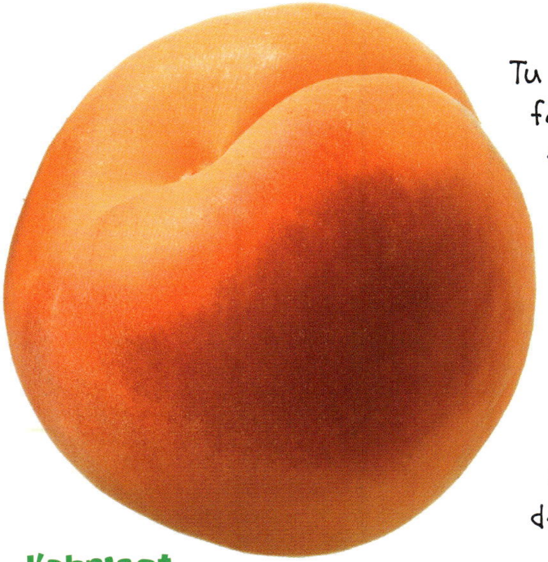

l'abricot

Tu peux facilement séparer ce fruit en deux. Sa chair fondante et sucrée n'est pas très juteuse. Son noyau dur contient une ou deux grosses graines : les amandes. L'abricot se mange cru, cuit, séché ou confit, c'est-à-dire conservé dans un sirop de sucre.

COMME UNE ARMURE !

LA PEAU DES FRUITS ET DES LÉGUMES LES PROTÈGE CONTRE LES MICROBES ET LES PETITS CHAMPIGNONS QUI POURRAIENT LES ATTAQUER. ELLE REPOUSSE LES INSECTES GOURMANDS. ET, GRÂCE À SES TROUS MINUSCULES, ELLE PERMET À LA PLANTE DE RESPIRER.

la pêche

le brugnon

Ces trois-là se ressemblent ! Mais regarde : la pêche a la peau couverte de duvet. Elle dégage un bon parfum. Le brugnon et la nectarine ont la peau lisse. Ils résultent d'une greffe de prunier sur un pêcher.

la nectarine

GARE AUX ORAGES DE GRÊLE !

DES MILLIONS DE BOUTS DE GLACE DÉGRINGOLENT DES NUAGES. C'EST UNE CATASTROPHE CAR CELA ABÎME OU DÉTRUIT LES FRUITS. POUR PROTÉGER LEURS CULTURES, LES AGRICULTEURS LES COUVRENT PARFOIS D'UN GRAND FILET.

La figue a la forme d'un sac qui contient une infinité de petites graines croquantes. Sa chair très sucrée ressemble à du miel ! Blanche ou violette, elle pousse sur un arbre, dans les régions chaudes autour de la mer Méditerranée.

la figue

Les légumes-fruits

Ça y est, ils sont mûrs, eux aussi. Tu connais la tomate, ronde et dodue. Pour mûrir, elle a besoin de beaucoup de soleil. Elle pousse sur une plante rampante et poilue, que l'on fait tenir droite sur un tuteur.

Le cornichon est un bébé concombre !

la tomate

Il existe des tomates miniatures, moyennes ou énormes. Rondes, aplaties ou allongées, on en trouve des rouges, blanches, jaunes, roses, violettes, noires ou zébrées !

le melon

Le melon est un petit costaud tout rond. On le déguste cru, bien mûr, et aussi cuit, en compote ou en confiture. Attention : trop froid, il fait mal au ventre !

LES LÉGUMES EN BOÎTES

POUR CONSERVER LES LÉGUMES, LES HARICOTS VERTS, PAR EXEMPLE, ON LES PLACE DANS DES BOÎTES EN MÉTAL OU DES BOCAUX EN VERRE. ON ENLÈVE L'AIR POUR ÉVITER AUX LÉGUMES DE S'ABÎMER, PUIS ON CHAUFFE TRÈS FORT POUR TUER LES MICROBES.

La pastèque vient d'Afrique. Elle est grosse et lourde. Comme elle contient surtout de l'eau, elle rafraîchit et calme la soif.

la pastèque

la courgette

La courgette est une courge toute jeune. Il faut la choisir longue, fine et verte, c'est comme ça qu'elle a le plus de goût. Ses fleurs aussi se mangent : on en fait de délicieux beignets.

l'aubergine

L'aubergine crue n'est pas très bonne et sa chair ressemble à une éponge. Cuite, la voilà toute tendre et son goût rappelle celui d'un champignon. On la mange avant qu'elle ne soit trop mûre, sinon elle est amère.

le haricot vert

On cueille le haricot vert très jeune, avant que ses graines ne soient développées. Les deux parties de sa cosse sont séparées par un fil. On classe ces haricots selon leur largeur : fins, très fins ou extrafins.

Salades et compagnie

Laitue, scarole, batavia, romaine, feuille de chêne… L'été, c'est la fête des salades. Ces légumes-feuilles se mangent surtout crus, avec une vinaigrette. Mais d'autres légumes font partie de la fête…

Quand on coupe un oignon, sa chair dégage un gaz qui pique les yeux.

la laitue

POURQUOI LES SALADES SONT-ELLES VERTES ?

COMME TOUTES LES FEUILLES QUI SONT À LA LUMIÈRE, ELLES FABRIQUENT UNE SUBSTANCE VERTE : LA CHLOROPHYLLE. LES SALADES BLANCHES OU ROUGES REÇOIVENT MOINS DE LUMIÈRE.

Son cœur est plus clair, car il ne voit pas la lumière.

Les feuilles extérieures de la laitue sont foncées.

la moutarde

La moutarde est une petite salade. Ses fleurs jaunes donnent des capsules contenant des graines. Avec ces graines écrasées on fabrique la moutarde en pot. Il en faut beaucoup !

Le pissenlit pousse tout seul dans les prairies. On mange ses feuilles en salade, mais elles sont plutôt amères !

le pissenlit

le maïs

Pour manger les petits pois frais, on ouvre la cosse et on en sort les petites graines encore vertes. On les fait cuire à l'eau ou à la poêle. Ils contiennent beaucoup de sucre.

Le maïs pousse sur une grande plante dont la tige porte des épis. Le maïs doux a la peau fine et il est sucré. On le mange sur l'épi ou on l'achète en conserve. Avec le maïs, on fait de la farine, du pop-corn et même des sacs.

les petits pois

l'ail

L'ail est un bulbe. Cru ou cuit, entier ou haché, il a un goût fort. Parfois, on a du mal à le digérer et il donne mauvaise haleine ! Mais il rend plus résistant et il aide le sang à circuler. Dans de nombreux pays, on dit qu'il aide à se protéger du Mal, des vampires, par exemple...